Der Dritte im Bunde ist **Watson** – Nicks und Ellas aufgeweckter Labrador. Er erschnüffelt jede Spur …

Wir sprechen in Silben, aber wir sehen Buchstaben. Wie kann das lesende Kind in den Wörtern die Silben finden? Ganz einfach, mit dem farbigen Silbentrenner. Dieser ist die entscheidende Lesehilfe. Kann das Kind flüssig lesen, gelingt der Umstieg auf einfarbige Texte problemlos. Und das Beste: Der farbige Silbentrenner hilft auch bei der Rechtschreibung.

Weitere Informationen zur Silbenmethode:
www.silbenmethode.de

3-fach differenziert ← Erzählungen in drei Lesestufen

Bildnachweis
S. 10 + 11: Holz (Hintergrund) © tamer – iStock; S. 20 + 21: blaue Seide (Hintergrund) © ValaGrenier – iStock; Queen Victoria © Wikimedia.commons; Krönung Victorias © World History Archive – Picture Alliance; Hochzeit Victorias © Wikimedia.commons; S. 21: Queen Victoria 1882 © Wikimedia.commons; S. 30 + 31: Tapete (Hintergrund) © linagifts – Shutterstock; Schiefertafel (Hintergrund) © A_Bruno – Fotolia.com; S. 38 + 39: Englischer Rasen (Hintergrund) © Nastco – iStock; S. 38: Buckingham Palace © andreykr – Clipdealer; Tower of London © Rafael Ben-Ari-Fotolia.com; Themse © Simon – Fotolia.com; Big Ben © Stoyan Haytov – Fotolia.com; S. 39: London 19th century © ilbusca – iStock; S. 48 + 49: roter Samt (Hintergrund) © Neirfy – Shutterstock; S. 48: Krone von Victoria © Wikimedia.commons; Queen Victorias Ring © Royal Collection Trust; S. 49: Diamanten © rozaliya – Clipdealer; S. 58 + 59: Stadtplan London (Hintergrund) © openstreetmap - www.openstreetmap.de; S. 58: Scotland Yard © ilbusca – iStock

Bestell-Nr. 1200-20 · ISBN 978-3-619-12020-8

www.mildenberger-verlag.de
E-Mail: info@mildenberger-verlag.de

4. Auflage 2025

Redaktion: Nicole Brandau
Grafik: Mildenberger Verlag GmbH
Gestaltung und Illustration: Jutta Wetzel, 53721 Siegburg

Druck: optimal media GmbH, 17207 Röbel/Müritz
Gedruckt auf umweltfreundlichen Papieren

www.mildenberger-verlag.de

Inhaltsverzeichnis

Die Reise beginnt

In der Nacht hörte Watson ein seltsames Geräusch. Der Hund spitzte die Ohren. „Was war das bloß?“ Es klang wie geheimnisvolle Musik. Das musste er näher erkunden. Auf leisen Pfoten tapste er die Treppe hinunter. Die Klänge kamen aus dem Wohnzimmer. Dort war es hell. Watson traute seinen Augen kaum. Mitten im Raum schwebte eine Geige und spielte.

Schnell stürmte er hoch zu den Schlafzimmern, um Ella und Nick zu wecken.

Kurz darauf standen sie zu dritt im Wohnzimmer. Da drehte sich plötzlich der ganze Raum. Mit einem Mal wurden Watson, Ella und Nick in einen Wirbel gezogen.

Als sie wieder zu sich kamen, standen sie im Freien. Hier sah alles fremd aus, wie in früheren Zeiten. „Ich glaube, wir sind in die Vergangenheit gereist“, sagte Nick erstaunt.

Watson war begeistert. Freudig wedelte er mit dem Schwanz. „Das wird spannend!“

Da hörten sie wieder Musik. In dem Haus vor ihnen stand ein Mann am Fenster. Er spielte auf einer Geige. Nick blickte sich um.

„Das kann nicht wahr sein“, sagte er dann.

„Wir sind vor der Baker Street 221 b, in London[1]. Hier wohnt Sherlock Holmes[2].“

„Cool!“, rief Ella. Auch sie schien zu wissen, was das bedeutete.

Nur Watson war ziemlich ratlos.

---

1 Hauptstadt von Großbritannien
2 berühmter Detektiv

Die Reise beginnt

Mitten in der Nacht wurde Ella von Watson, ihrem hellbraunen Labrador, geweckt. „Watson, lass das!“, murmelte sie müde. Doch ihr Hund ließ nicht locker. Er bellte so lange, bis Ella endgültig wach war.

Plötzlich wusste sie, weshalb sich Watson so seltsam verhielt. Geheimnisvolle Musik drang an ihr Ohr.

Sie schaute zu Nick hinüber. Er saß schon kerzengerade auf seinem Bett. Ella gähnte noch einmal ausgiebig und streckte sich. Als sie schließlich aufstehen wollte, waren Nick und Watson schon verschwunden. „Wartet auf mich!“, rief sie und stolperte hinterher.

Sie folgte den Klängen, die aus dem hell erleuchteten Wohnzimmer kamen. Nick und Watson waren schon da. Doch was war das? Ella rieb sich die Augen. Mitten im Raum schwebte eine Geige und spielte wie von Geisterhand.

Auf einmal drehte sich alles. Ella, Nick und Watson wurden in einen Wirbel gezogen. Als sie wieder zu sich kamen, standen sie im Freien.

Ella blickte sich um. Die Häuser, die Bäume, die Straßen – nichts kam ihr bekannt vor. Von Weitem näherte sich eine Pferdekutsche. Alles sah aus wie in ferner Vergangenheit.

„Seltsam“, dachte Ella. Doch ihre Neugier war geweckt. Leise regte sich in ihr die Abenteuerlust.

Dann hörten sie es wieder: dasselbe Geigenspiel wie in ihrem Wohnzimmer. Ella, Nick und Watson blickten nach oben zu einem Fenster. Dort konnten sie eine schmale Gestalt erkennen, die auf einer Geige spielte.

„Diese Melodie kenne ich“, flüsterte Nick.

Ella folgte seinem hellwachen Blick, der auf einem Straßenschild haftete. Langsam schüttelte er den Kopf. „Das kann nicht wahr sein. Wir stehen vor der Baker Street 221 b, in London[1]. Das ist das Haus von Sherlock Holmes[2].“

Eigentlich hätte Ella nun starr vor Schreck sein müssen. Doch das war sie nicht. „Cool!“, rief sie begeistert. Sie war bereit, sich auf der Stelle in ein spannendes Abenteuer zu stürzen.

---

1 Hauptstadt von Großbritannien
2 berühmter Detektiv

Die Reise beginnt

„Watson, lass das!“, murmelte Nick schlaftrunken und drehte seinen Kopf zur Seite. „Ich mag es gar nicht, wenn du mich mit deiner nassen Schnauze anstupst.“ Doch der hellbraune Labrador ließ sich nicht beirren. Mit einem Satz sprang er auf Nicks Bett und bellte. Schlagartig war Nick wach. Hellwach. „Bist du verrückt? Du weckst noch alle auf!“, schimpfte er. Doch er wusste, dass sein Hund ihn nicht ohne Grund mitten in der Nacht aufgeweckt hätte. Ob Einbrecher im Haus waren? Angespannt lauschte er in die Stille.

Dann hörte er es: Geheimnisvolle Musik drang an sein Ohr. Es klang wie ein leises Geigenspiel. Er blickte zu Ella hinüber. Sie war auch gerade von Watson geweckt worden und rekelte sich in ihrem Bett. Watson stand schon ungeduldig an der Zimmertür. Schnell glitt Nick aus seinem Bett und folgte ihm. Leise schlichen sie die knarzende Holztreppe hinunter, bis sie im Wohnzimmer standen. Ein heller Lichtkranz blendete sie. Er ging von einer Geige aus, die mitten im Raum schwebte und wie von Geisterhand gespielt wurde. „Was ist das bloß?“ Entgeistert starrte Nick auf das Spektakel, das sich vor ihren Augen abspielte. Doch bald war er überwältigt von diesem virtuosen[1] Spiel. Da stieß auch Ella keuchend zu ihnen.

1 meisterhaften

Auf einmal begann sich alles zu drehen. Immer schneller und schneller. Unversehens wurden Nick, Ella und Watson mit in einen Wirbel gezogen und in gleißendes[2] Licht gehüllt. Doch so schnell der Sturm über sie hereingebrochen war, so schnell verzog er sich auch wieder. Plötzlich war es totenstill um sie herum. Langsam fing sich Nick wieder. Entsetzt stellte er fest, dass sie sich nicht mehr im Wohnzimmer ihres Hauses befanden, sondern im Freien …

„Ist das alles ein Traum?“, dachte Nick zweifelnd. Forschend blickte er umher. Die Nacht schien vorüber zu sein. Dichter Nebel hatte sich über Häuser und Bäume gelegt. Wo waren sie nur? Diese altertümlichen Häuser hatte er noch nie zuvor gesehen. Ein wenig entfernt rumpelte gerade eine Pferdekutsche über das Kopfsteinpflaster. „Es sieht fast so aus, als wären wir in die Vergangenheit gereist“, sagte Nick zögerlich und blickte die beiden anderen an. Aus Ellas Augen blitzte die Abenteuerlust. Da spitzte der hellbraune Labrador seine Ohren. Erneut war leise Geigenmusik zu hören. Nick, Ella und Watson schauten nach oben zu einem Fenster. Dort konnten sie hinter einem schweren Vorhang eine hagere Gestalt erkennen, die völlig versunken auf ihrer Geige spielte.

„Die Melodie kenne ich, das ist *God save the Queen*[3]“, wisperte Nick. „Ich habe eine dunkle Ahnung, wo wir sein könnten.“ Seine Augen wanderten umher. „Da ist ein Straßenschild!“ Fasziniert und irritiert zugleich schüttelte er den Kopf. „Ich kann es kaum glauben. – Aber wir befinden uns vor der Baker Street 221 b, in London[4] – vor dem Haus von Sherlock Holmes[5].“

---

2 sehr helles
3 Nationalhymne von Großbritannien
4 Hauptstadt von Großbritannien
5 berühmter Detektiv

Sherlock Holmes (sprich: Schörlock Houms) ist ein berühmter Detektiv. Doch er hat nie wirklich gelebt. Vor über hundert Jahren wurde er vom britischen Autor Sir Arthur Conan Doyle (sprich: Sör Arser Konnen Doil) erfunden. Sherlock Holmes wohnt in London, in der Baker Street 221 b.

Daran erkennt man den berühmten Detektiv!

- → trägt oft einen Umhang und eine karierte Mütze
- → spielt Geige
- → benutzt oft seine goldene Lupe
- → ist ein Verwandlungskünstler
- → löst selbst die schwierigsten Fälle!!

Liebes Tagebuch,

heute Nacht hat Watson Nick und mich geweckt. Plötzlich hörten wir geheimnisvolle Musik. Wir folgten den Geräuschen bis zum Wohnzimmer. Dort sahen wir eine Geige, die in der Luft schwebte.

Auf einmal drehte sich alles und wir wurden in einen Wirbel gezogen. Als wir wieder zu uns kamen, standen wir vor der Baker Street 221 b – vor dem Haus von Sherlock Holmes!

Er selbst stand am Fenster und spielte auf seiner Geige. Ob wir ihn wohl kennenlernen? Das wäre cool!

Deine Ella

Ein Geschenk für Königin Victoria

Da sah Watson, wie dieser Sherlock Holmes ihnen ein Zeichen gab. Sie sollten zu ihm heraufkommen. Ella marschierte sofort los. Watson war aufgeregt. Was sollte das alles bedeuten? Neugierig sprang er hinter Ella her.

Oben in der Wohnung wurde Watson klar: Sherlock Holmes war ein berühmter Detektiv. Das war ja spannend! Anscheinend war Nick ein Urururenkel von ihm. Nick sollte nun einen schwierigen Fall für Holmes lösen. Es ging um Juwelen. *Sterne der Nacht* hießen sie. Diese Juwelen sollten als Geschenk für Königin Victoria[3] in den Tower[4] gebracht werden. Doch sie wurden auf dem Weg dorthin gestohlen, von einem James Moriarty. Watson bellte begeistert.

---

3 Königin von Großbritannien von 1837 – 1901
4 ehemalige Festung

„Ich helfe Nick, die Juwelen zu finden!“

Aber wie? Die Juwelen befanden sich nun anscheinend in Moriartys Haus. Dort gab es einen Geheimraum mit einem Tresor[5].

„Kein Problem, ich werde den Tresor finden!“ Da war sich Watson sicher. „Doch wie kommen wir in sein Haus?“

„Moriarty wird heute Abend ein Fest geben“, erklärte Holmes. „Ihr werdet beim Servieren helfen.“

„Watson auch?“ Der Labrador hörte Ella lachen. „Das stelle ich mir lustig vor: Watson mit Schürze und einem Tablett im Maul.“

„Sehr witzig!“ Watson knurrte beleidigt. „Wartet nur, wer von uns den Geheimraum findet …“

5 Schließfach, gepanzerter Schrank für wertvolle Gegenstände

Ein Geschenk für Königin Victoria

Ella war gespannt wie ein Flitzbogen. Was wollte der berühmteste Detektiv aller Zeiten nur von ihnen? Da sah sie, wie Sherlock Holmes ihnen ein Zeichen gab. Sie sollten zu ihm heraufkommen. Gleich würde Ella ihn höchstpersönlich kennenlernen … „Worauf wartet ihr? Wollt ihr hier Wurzeln schlagen?“, rief sie und lief auf die Haustür zu. „Das ist so cool!“ Watson und Nick folgten ihr.

Oben angekommen, erwartete der Meisterdetektiv sie mit einer Kanne Tee. „Nehmt Platz“, sprach er und zeigte auf den gedeckten Tisch. „Ihr wundert euch sicher sehr über diese Einladung.“
Ella stimmte zu und sah Nick an. Dieser schaute sich verstohlen in dem gemütlichen, aber etwas unordentlichen Zimmer um. Er wirkte ein wenig abwesend.
Holmes fuhr fort: „Ich habe diesen Weg gewählt, um euch einen Fall zu übertragen.“
„Einen Fall?“, fragte Ella ungläubig.

„Gestern Morgen wurden wertvolle Juwelen gestohlen, die *Sterne der Nacht.* Sie sind ein Geschenk für Königin Victoria[3] und sollten in den Tower[4] gebracht werden.

3 Königin von Großbritannien von 1837 – 1901
4 ehemalige Festung

Doch auf dem Weg dorthin wurden sie gestohlen – von einem ebenso klugen wie gefährlichen Mann: Professor Dr. James Moriarty.

Und ihr sollt mir helfen, die Juwelen zu finden."

„Wieso ausgerechnet wir?" Ella war irritiert. „Sie kennen uns doch überhaupt nicht."

„Das ist richtig", gab Holmes zurück. „Ich wende mich an euch aus einem ganz bestimmten Grund: Nick ist mein Urururenkel.

„Wow!", entfuhr es Ella, „Nick ist Ihr Nachfahre?"

„In der Tat", erwiderte Holmes, „und er hat viele meiner Fähigkeiten geerbt. Daher auch meine Bitte an euch." Er nahm einen Zug aus seiner Pfeife und blickte Nick erwartungsvoll an.

„Welche Bitte denn?", fragte Nick verwirrt. Offensichtlich war er so in Gedanken versunken gewesen, dass er von dem Gespräch nichts mitbekommen hatte.

In kurzen Sätzen klärte Ella ihn auf.

Dann erläuterte Holmes seinen Plan:

„Meiner Einschätzung nach befinden sich die Juwelen zum jetzigen Zeitpunkt in Moriartys Haus. Dort soll es einen Geheimraum mit einem Tresor[5] geben – ein ideales Versteck. Heute Abend wird Moriarty genau dort ein großes Fest geben. Ich kann leider nicht teilnehmen, da Moriarty mich kennt und sonst Verdacht schöpfen würde. Daher habe ich schon alles für euch vorbereitet. Ihr werdet heute Abend beim Servieren helfen."

„Watson auch?" Ella lachte. „Das stelle ich mir lustig vor. Watson mit Schürze und Häubchen und einem Tablett im Maul."

Watson drehte ihr beleidigt den Rücken zu und knurrte. Holmes verzog keine Miene. „Wenn es euch gelingt, die Juwelen zu finden, dann wird dies nicht euer letzter Fall sein …"

5 Schließfach, gepanzerter Schrank für wertvolle Gegenstände

Ein Geschenk für Königin Victoria

Nick war fassungslos. Wie konnte das sein?

Die Melodie der Zaubergeige hatte sie in die Vergangenheit, ins 19. Jahrhundert gewirbelt. Nun standen sie vor dem Haus des berühmten Meisterdetektivs. Schon wieder erklang dieselbe Melodie, gespielt von Sherlock Holmes höchstpersönlich. Dieser trat nun ans Fenster und gab ihnen das Zeichen heraufzukommen.

Wie elektrisiert blickte Nick zu Ella und Watson. Doch Ella war schon losgelaufen. „Worauf wartet ihr? Wollt ihr hier Wurzeln schlagen?“ Schnurstracks lief sie zur Haustür. Watson tollte schwanzwedelnd hinter ihr her. Für ihn schien es das Normalste auf der Welt zu sein, kurz in die Vergangenheit zu reisen, um dann bei Sherlock Holmes ein Tässchen Tee zu trinken.

Als die drei oben angekommen waren, erwartete der Meisterdetektiv sie tatsächlich mit einer Kanne Tee. „Nehmt Platz“, sprach er und wies mit einer Handbewegung zum gedeckten Tisch. Nick schaute sich verstohlen in dem etwas unordentlichen Zimmer um. Er blickte auf die gemusterte Tapete, die großen Rundbogenfenster und die zahlreichen Bilderrahmen an der Wand. Im Kamin flackerte das Feuer, die Times[6] lag aufgeschlagen auf dem Lehnstuhl und auf dem Sekretär[7] stapelten sich Briefe. So wohnte also der berühmteste Detektiv aller Zeiten. Nick war so in Gedanken versunken, dass er weder etwas von Holmes’ Ansprache hörte noch bemerkte, wie ihn plötzlich alle anstarrten.

„Wow!“, entfuhr es Ella, „Nick ist wirklich Ihr Nachfahre?“

„In der Tat!“, erwiderte Holmes, „und er hat viele meiner –

6 Zeitung aus London
7 Schrank mit einer Schreibfläche

wie soll ich sagen – Fähigkeiten geerbt. Daher auch meine Bitte an euch.“ Er nahm einen Zug aus seiner Pfeife und blickte Nick auffordernd an.

„Welche Bitte denn?“, fragte dieser verwirrt.

„Nick, hast du denn gar nicht zugehört?“, fragte Ella verwundert.

„Entschuldigung, ich war kurz in Gedanken versunken“, sagte Nick und strich mit der Hand über sein Kinn.

Holmes nickte: „Gewiss, ich verstehe.“

„Wir sollen Mister Holmes bei einem seiner Fälle helfen“, platzte Ella heraus. „Ein Professor Dr. James Moriarty hat wertvolle Juwelen gestohlen, die *Sterne der Nacht*. Sie sind ein Geschenk für Königin Victoria[8] und sollten gerade in den Tower[9] transportiert werden. Ist das nicht spannend, Nick?“ Wie zur Bestätigung bellte Watson begeistert.

Durch Nicks Kopf wirbelten tausend Gedanken, dann schaute er Holmes zweifelnd an. „Inwiefern können wir Ihnen da behilflich sein, Sir?“

8 Königin von Großbritannien von 1837 – 1901

9 ehemalige Festung, Gefängnis und Schatzkammer

„Meiner Einschätzung nach befinden sich die Juwelen zum jetzigen Zeitpunkt in Moriartys Haus. Dort soll es einen Geheimraum mit einem Tresor geben – ein ideales Versteck“, erklärte Holmes.

Nick überlegte. „Doch wie sollen wir uns Zutritt zu seinem Haus verschaffen?“

„Heute Abend wird Moriarty genau dort eine große Feier ausrichten“, fuhr Holmes fort. „Ich kann leider nicht hingehen, da Moriarty mich kennt und sonst Verdacht schöpfen würde. Daher habe ich schon alles für euch arrangiert. Ihr werdet heute Abend beim Servieren aushelfen.“

„Watson auch?“ Ella lachte. „Das stelle ich mir lustig vor. Watson mit Schürze und Häubchen und einem Tablett im Maul.“

Doch Sherlock Holmes verzog keine Miene. „Dafür wird sich eine Lösung finden.“

Er blickte zu Nick. „Was ist deine Meinung dazu?“

Nick fixierte einen unsichtbaren Punkt auf der Tapete und nickte: „Doch wie soll es uns gelingen, den Geheimraum zu finden und den Tresor zu knacken?“

„Das überlasse ich euch und eurem detektivischen Spürsinn. Ihr habt nun die Gelegenheit, euer Talent unter Beweis zu stellen. Wenn es euch gelingt, die Juwelen zu finden, wird dies nicht euer letzter Fall sein …“

Königin Victoria

- geboren am 24. Mai 1819
- Königin von Großbritannien und Irland (1837–1901)
- Hochzeit mit Albert von Sachsen-Coburg und Gotha am 10. Februar 1840
- Größe: 1,52 m
- gestorben am 22. Januar 1901

Krönung von Victoria zur Königin am 28. Juni 1838

Hochzeit von Victoria und Albert

Königin Victoria regierte 63 Jahre lang. Sie war eine sehr beliebte und auch erfolgreiche Königin. Unter ihrer Herrschaft wurde Großbritannien sehr mächtig und reich. Man nennt diese Zeit auch Viktorianisches Zeitalter. Der wichtigste Berater der Königin war ihr Ehemann Albert. Nach seinem Tod 1861 trauerte sie sehr lange. Sie zeigte sich in dieser Zeit ihrem Volk nur noch sehr selten. Da sie zahlreiche Nachkommen hatte, nannte man sie auch „die Großmutter Europas".

London, 4. September 1894

Ich kann noch immer nicht glauben, was passiert ist. Wir sind in die Vergangenheit gereist und befinden uns nun in London im Jahr 1894. Der berühmteste Detektiv aller Zeiten ist ein Vorfahre von mir. Wir sollen ihm bei der Suche nach den verschwundenen Juwelen helfen, die auf dem Weg in den Tower gestohlen wurden. Sie waren ein Geschenk für Königin Victoria. Der Dieb war vermutlich ein gewisser Professor Dr. James Moriarty. Dieser wird heute Abend ein Fest veranstalten. Sherlock Holmes selbst kann nicht daran teilnehmen. Doch er hat veranlasst, dass wir dort beim Bedienen helfen können. So haben wir Zutritt zum Haus und können uns heimlich auf die Suche nach den Juwelen machen. Sherlock Holmes vermutet nämlich, dass Moriarty sie in seinem Geheimraum versteckt hat.
Mann, bin ich gespannt...

Nick

PS: Königin Victoria war zu dieser Zeit die Königin von England. So sah sie im Jahr 1882 aus.

Professor Moriarty

Am selben Abend trabte Watson siegessicher neben Ella und Nick zu Moriartys Haus. „Ich werde den beiden beweisen, was für ein schlauer Spürhund ich bin.“

Doch dann trafen sie die Haushälterin. Ella und Nick bekamen tolle Kleider, extra zum Bedienen. Aber er – Watson – sollte den ganzen Abend in einer dunklen Kammer im Keller warten.

Watson knurrte. „Nicht mit mir!“ Geschickt öffnete er mit seiner Pfote die Kammertür. Er huschte nach oben und verschwand unter einer langen Tischdecke. Von dort aus konnte er alles heimlich beobachten.

So sah er auch Moriarty, der gerade die Treppe hinaufging. Watson kroch vorsichtig unter dem Tisch hervor, um ihm zu folgen.
Doch da hörte er Ella: „Watson, warte!“ Gemeinsam schlichen sie die Treppe hinauf. Moriarty war nicht mehr zu sehen, doch eine Tür stand offen. Watson lief in den Raum und schnupperte. Dabei stieß seine Pfote an etwas Hartes. Was war das? Ein Hebel? Ja, das musste der Hebel zum Geheimraum sein. Plötzlich stand Nick hinter ihm. Er war ihnen wohl gefolgt. Ella war ganz begeistert von Watsons Entdeckung. Schnell zog sie an dem Hebel. Da geschah es. Ein Regal bewegte sich knarrend zur Seite. Dahinter lag ein Raum. „Jetzt knacke ich den Tresor!“, freute sich Watson und raste in den Geheimraum. Enttäuscht bremste er ab. Der Tresor stand offen und war leer…

Professor Moriarty

„Wahnsinn!“, rief Ella aus, als sie abends mit Nick und Watson durch den großen und gepflegten Park von Moriartys Anwesen[6] liefen. „So wohnte also die feine Gesellschaft damals“, stellte sie fest. Die drei liefen zum Hintereingang, der für Dienstboten vorgesehen war. Dort erwartete sie schon die ungeduldige Haushälterin. „Zieht euch schnell um. Hier ist eure Kleidung.“ Dann rümpfte sie die Nase und zeigte entsetzt auf Watson: „Dieser Hund kann unter keinen Umständen hierblieben.“

„Bitte!“, bettelte Ella. „Wir wissen sonst nicht, wohin mit ihm. Er wird ganz brav sein.“

„Na schön“, sagte die Haushälterin, „aber er bleibt während des gesamten Abends in dieser Kammer.“

Schnell schlüpften Ella und Nick in ihre Arbeitskleider. Dann stiegen sie die Steintreppe hoch zur prunkvollen Eingangshalle. Ella betrachtete den Raum ganz genau und war sehr beeindruckt. Alles glitzerte und funkelte.

Dann sah sie plötzlich Watson. Er kroch gerade unter einem Büfetttisch hervor. „Oje, das gibt Ärger!“, dachte sie erschrocken. Schnell eilte sie zu ihm.

6 großes Haus, Grundstück

„Watson, warte!“ Eigentlich wollte sie ihn wieder zurück in den Keller bringen. Doch da bemerkte sie, dass Watson offenbar eine heiße Spur hatte.

Zielstrebig marschierte er die Treppe hinauf. Ella schlich hinterher. Oben angekommen lief Watson schnurstracks in einen Raum, dessen Tür offen stand. Er schnüffelte eine Weile, dann schaute er Ella erwartungsvoll an und wedelte mit dem Schwanz. Er schien etwas entdeckt zu haben. Auf einmal sah Ella einen Schatten im Flur. Sie lugte hinaus und sah Nick, der sich hinter einer Marmorbüste versteckte. Dann hörte sie, wie der Dielenboden knarrte und jemand direkt auf Nick zulief. Ella stockte der Atem. „Gleich wird er entdeckt.“ Sie musste handeln, und zwar schnell. Also schlich sie sich vorsichtig an Nick heran und zog ihn mit einem Ruck ins Zimmer. Erleichtert atmete sie auf, doch Nick starrte sie entsetzt an.

„Keine Sorge, wir sind es nur!“, flüsterte sie. Während Nick sich langsam beruhigte, drehte sich Ella zu Watson um. „Ich glaube, er hat etwas Wichtiges entdeckt.“

Begeistert zeigte sie auf einen Hebel, der unter einem Teppich versteckt war.
„Das ist bestimmt …“, fing Ella an.
„… der Hebel zum Geheimraum“, beendete Nick den Satz. Schon zog Ella daran. Knarrend schwang ein Bücherregal zur Seite und dahinter konnte man einen kleinen Raum erkennen. Blitzschnell schoss Watson durch die Öffnung. Ella und Nick folgten ihm.

„Wir haben es geschafft!“, jubelte Ella. „Gleich halten wir die Juwelen in der Hand!“
„Nicht so schnell“, sagte Nick leise und zeigte auf den offenen Tresor.
Da bemerkte es auch Ella. „Wir kommen zu spät! Der Tresor ist leer.“

Professor Moriarty

Gespannt machten sich Nick, Ella und Watson abends auf den Weg zu Moriartys Anwesen[10].
„Wahnsinn!“, rief Ella aus, während sie durch den sorgsam angelegten Park zum Eingangsportal[11] liefen. „So wohnte also die feine Gesellschaft damals.“

Nick wollte gerade den eindrucksvollen Türklopfer aus Messing betätigen, da fiel ihm ein, dass sie als Servierhilfen besser den Dienstboteneingang benutzen sollten. Dort wurden sie auch schon erwartet. „Da seid ihr ja endlich!“, rief die Haushälterin aus. „Nun aber husch, husch umziehen. Ihr seid die Letzten.
Dabei legte sie ihnen ihre Kleidung auf eine Kommode.
Dann rümpfte sie die Nase. „Was ist das denn?
Dieses zottelige Etwas kann unter keinen Umständen hierbleiben.“ Entsetzt zeigte sie auf Watson, der sie freundlich anblickte und hechelte.
„Bitte, kann Watson hierbleiben?“, bettelte Ella. „Wir wissen sonst nicht, wohin mit ihm. Er wird ganz brav sein.“
„Na schön.“ Die Haushälterin zog eine Augenbraue hoch. „Aber er bleibt während des gesamten Abends in dieser Kammer.“
Dankbar zogen sich Ella und Nick um. Nick schlüpfte in einen schwarzen Anzug mit weißen Handschuhen und Ella in ein schwarzes Kleid mit weißer Schürze und weißem Häubchen für die hochgesteckten Haare. Dann stiegen sie die schmucklose Steintreppe empor zur herrschaftlichen Eingangshalle, die von kristallenen Kronleuchtern erhellt wurde. An den Wänden hingen wertvolle Gemälde in goldverzierten Rahmen.

10 großes Haus, Grundstück
11 große Eingangstür

Schwere purpurrote Samtvorhänge öffneten den Weg zu den einzelnen Räumen. Als er in den Salon[12] blickte, entdeckte Nick ein Grammofon[13], aus dem klassische Musik ertönte. Dann hielt Nick den Atem an. Denn dort vor dem Grammofon stand er: Professor Dr. James Moriarty …

Schnell machte sich Nick auf die Suche nach Ella, um auch sie zu verständigen. Da sah er plötzlich eine feuchte Hundeschnauze unter dem Büfett hervorlugen. Auch Ella hatte Watson entdeckt und hastete hin, um Schlimmeres zu verhindern. Als Nick wieder zum Grammofon blickte, war Moriarty verschwunden. Auch von Ella und Watson fehlte jede Spur. Wie konnte das sein? Eben waren die beiden noch da gewesen. Ob Moriarty ihnen auf die Schliche gekommen war und sie nun in Gefahr schwebten?

Er dachte fieberhaft nach, dabei wanderten seine Augen blitzschnell umher und nahmen jedes kleinste Detail[14] wahr. „Bestimmt bringt Ella Watson nach unten in die Kammer zurück“, versuchte Nick sich zu beruhigen. Da bemerkte er ein braunes, gelocktes Hundehaar auf der Marmortreppe, die zu den oberen Räumen des Hauses führte.

Unauffällig schlich Nick hinauf. Er war noch nicht oben angekommen, da hörte er, wie eine Tür geöffnet wurde. Der Dielenboden knarrte und Schritte kamen auf ihn zu. Nicks Herz setzte kurz aus. „Wo verstecke ich mich bloß?“, dachte er panisch.

---

12 großer Raum, der genutzt wird, um Gäste zu empfangen
13 Vorläufer des Plattenspielers
14 Einzelheit

Da legte sich eine Hand von hinten auf seinen Mund. Nick erstarrte. Mit einem Ruck wurde er in ein Zimmer gezogen. Die Tür schloss sich lautlos hinter ihm.

Doch zu seiner Erleichterung war es nur Ella, die nun vor ihm stand. „Keine Sorge, wir sind es nur!“, flüsterte sie. Während Nick sich langsam beruhigte, sagte Ella: „Ich glaube, Watson hat etwas Wichtiges entdeckt.“ Sie zeigte auf einen Hebel, der unter einem Teppich versteckt war. „Das ist bestimmt …“, fing Ella an.

„… der Hebel zum Geheimraum“, beendete Nick den Satz. Ella nickte: „Los, lass es uns jetzt testen.“ Schon zog sie an dem Hebel. Wie von Zauberhand schwang ein Bücherregal zur Seite und gab einen kleinen Raum preis. Pfeilschnell schoss Watson durch die Öffnung. Ella und Nick folgten ihm.

„Wir haben es geschafft!“, jubelte Ella. „Gleich halten wir die Juwelen in der Hand!“

„Nicht so schnell“, sagte Nick gedämpft und deutete auf den offenen Tresor.

Da bemerkte es auch Ella. „Wir kommen zu spät! Der Tresor ist leer.“

Liebes Tagebuch,

am Abend waren wir in Moriartys prunkvollem Haus. Er muss wahnsinnig reich sein! Wie ein englischer Lord. Einen Gangster habe ich mir immer völlig anders vorgestellt. Nick und ich haben beim Servieren geholfen. Watson musste im Keller warten. Doch er konnte sich befreien und ist Moriarty in den ersten Stock gefolgt. In einem der Räume hat Watson dann den Hebel zum Geheimraum gefunden. Aber leider war der Tresor im Geheimraum leer. Moriarty war schneller als wir. Er muss die Juwelen weggebracht haben. Aber wohin?

Price 3d.]

The Times.

MONTAG, SEPTEMBER 3. 1894

Raub der Kronjuwelen

„Sterne der Nacht“ von Königin Victoria gestohlen

London: Bei einem Überfall auf einen Juwelen-Transport wurden Edelsteine von unschätzbarem Wert geraubt. Die „Sterne der Nacht“ waren ein Geschenk des indischen Maharadschas von Kaschmir für Königin Victoria. Der Täter war 1,75 m groß, hatte braune, kurze Haare und war auffallend vornehm gekleidet. Er war maskiert und mit einer Pistole bewaffnet. Nach Angaben von Scotland Yard wurde niemand verletzt. Von den Tätern fehlt jedoch jede Spur.

Gentleman-Gangster Prof. Dr. James Moriarty führt ein Doppelleben

vornehm	kriminell
• Professor der Mathematik	• hat viele Männer, die für ihn arbeiten
• zählt zur wohlhabenden Londoner Gesellschaft	• überfällt Banken, raubt Gemälde, stiehlt die „Sterne der Nacht“
• ist klug, anerkannt und geschätzt	

Eine heiße Spur

Watson ärgerte sich. Er war der beste Spürhund. Trotzdem waren die Juwelen weg. „Los!“, drängte Ella. „Wenn wir uns beeilen, dann erwischen wir Moriarty noch.“ Watson, Ella und Nick sausten zur Treppe. Doch unten stießen sie fast mit der Haushälterin zusammen. Schnell kroch Watson wieder in sein Versteck unter dem Tisch. Zum Glück hatte sie nichts bemerkt. Aber Nick und Ella mussten nun die Gäste bedienen.

Durch ein kleines Loch in der Tischdecke konnte Watson alles genau beobachten. Von Moriarty fehlte jede Spur. Er war mit den Juwelen vielleicht schon über alle Berge … Doch nach einiger Zeit schob sich ein schmutziger Schuh unter die Tischdecke.

Watson schnüffelte. Es roch nach Flusswasser – und nach Moriarty! Watson blickte zu Ella und Nick. Doch anscheinend sahen sie Moriarty gar nicht! Watson wurde ungeduldig. „Sind die beiden denn blind?“ Vorsichtig hob er mit der Schnauze die Tischdecke. Er schaute die beiden eindringlich an. Da begriff Nick endlich. „Schau dir Moriartys Schuhe an. Siehst du den Lehm?“, flüsterte Nick Ella zu. Ella nickte. „Hier ganz in der Nähe fließt die Themse[6]“, murmelte Nick. „Lehm findet man häufig an Flüssen.“ „Dann war er eben dort, um die Juwelen zu verstecken“, sagte Ella und gab Watson ein Zeichen. „Na endlich!“ Watson freute sich und huschte hinter Ella und Nick zum Ausgang.

6 Fluss in London

Eine heiße Spur

Fassungslos standen sie vor dem leeren Tresor, doch dann besann sich Ella. „Los, wenn wir uns beeilen, dann erwischen wir Moriarty noch!“, drängte sie. Schnell lief sie mit Watson Richtung Treppe.

Nick verschloss den Geheimraum und folgte kurz darauf. Doch leider kamen sie nicht weit.

Im Erdgeschoss angelangt, stießen sie fast mit der Haushälterin zusammen. Sie hatte offensichtlich nichts von ihrem Verschwinden bemerkt.

„Ihr kommt gerade recht!“, rief sie erfreut und gab beiden ein Silbertablett in die Hand. Watson kroch schnell in sein Versteck unter dem Büfetttisch. Ella sah Nick entmutigt an. Jetzt konnten sie unmöglich verschwinden. Also nahmen sie ihre Silbertabletts und bedienten die Gäste.

„Dennoch“, dachte Ella trotzig, „wir werden Moriarty überführen und die Juwelen finden.“

Eine ganze Weile ging sie mit den Tabletts von Gast zu Gast. Doch Moriarty war wie vom Erdboden verschluckt. Da hörte Ella plötzlich ein leises Knurren und eilte zum Büfett. Auch Nick war sofort zur Stelle. In dem Moment schob sich Watsons Schnauze unter der Tischdecke hervor.

Er schaute die beiden eindringlich an, als wollte er sagen: „Fällt euch denn gar nichts auf?“

Ella blickte sich um. Dort am Büfett stand Moriarty. Er war zurückgekommen, als wäre nichts geschehen.

„Schau dir seine Schuhe an“, flüsterte Nick. „Sie sind feucht und ich kann Spuren von Lehm entdecken.“

„Lehm?“, fragte Ella ungläubig. „Woher könnte der Lehm stammen? Um das Haus herum befindet sich nur Kies und Rasen.“

„Moriartys Haus liegt nicht weit entfernt von der Themse[7]“, sagte Nick. „An Flüssen findet man häufig lehmhaltigen Boden.“

„Dann war er bestimmt dort, um die Juwelen verschwinden zu lassen“, stimmte Ella zu. Sie gab Watson ein Zeichen, der daraufhin aus seinem Versteck schlüpfte.

Dann huschten die drei zum Ausgang. Draußen war es schon recht kalt und von Weitem hörten sie das Glockenspiel von Big Ben[8].

---

7 Fluss in London

8 Glocke eines berühmten Glockenturms

Eine heiße Spur

„So ein Pech!“, ärgerte sich Nick. „Moriarty muss die Juwelen gerade erst aus dem Tresor genommen haben.“ „Los, wenn wir uns beeilen, dann erwischen wir ihn noch!“, drängte Ella und eilte mit Watson Richtung Treppe. Nick betätigte den Hebel ein zweites Mal und der Geheimraum verschwand wieder hinter unauffälligen Bücherregalen. Dann folgte er Ella und Watson. Im Erdgeschoss stießen sie fast mit der Haushälterin zusammen. Sie hatte offensichtlich nichts von ihrem Verschwinden bemerkt. „Ihr kommt gerade recht!“, rief sie erfreut und reichte Nick und Ella jeweils ein Silbertablett. „Verteilt erst den Sekt unter den Gästen und danach die Gänseleberpasteten.“ Blitzschnell kroch Watson wieder in sein Versteck unter dem Büfetttisch. Nick und Ella sahen sich resigniert[15] an. Ihnen blieb wohl nichts anderes übrig, als ihre Arbeit zu tun. Unter den wachsamen Augen der Haushälterin konnten sie jetzt unmöglich verschwinden. Also mischten sie sich mit ihren Silbertabletts unter die Gäste.

Doch in Nicks Gehirn arbeitete es fieberhaft weiter. Er wollte die Hoffnung nicht aufgeben. Es würde sich noch eine Möglichkeit ergeben, um die Juwelen zu finden. Da war er sicher. „Ich muss nur wachsam sein“, dachte er und beobachtete das Treiben um ihn herum. Die Gäste feierten fröhlich. Keiner von ihnen verhielt sich in irgendeiner Weise auffällig und keinem schien aufzufallen, dass der Gastgeber fehlte. Als Nick gerade mit dem dritten Silbertablett in den Salon ging, hörte er ein leises Knurren, das eindeutig vom Büfetttisch kam – genau genommen von einer Stelle unter dem Tisch.

15 enttäuscht

Ella schien es auch bemerkt zu haben und eilte herbei. Da hob sich die Tischdecke leicht und Watsons verwuscheltes Fell kam zum Vorschein. Er schaute den beiden eindringlich in die Augen, als wollte er sagen: „Fällt euch denn gar nichts auf?“

Nun sah Nick ihn auch.
Moriarty war zurückgekommen, so, als wäre nichts geschehen. Scheinbar unbekümmert plauderte er gerade mit einem seiner Gäste und nahm sich ein Stück Zitronentorte vom Büfett.
Nick fixierte ihn genau und es war ihm nicht entgangen, dass Moriartys Schuhe zu Beginn der Feier blitzblank gewesen waren.
Nun aber waren feine Spuren von Lehm und Feuchtigkeit zu erkennen.
„Woher könnte der Lehm stammen?“, flüsterte Ella, als Nick ihr von seiner Entdeckung berichtet hatte. „Um das Herrenhaus herum befindet sich nur Kies und Rasen.“
Nick dachte angestrengt nach. Da ging ihm ein Licht auf.
„Moriartys Haus liegt nicht weit entfernt von der Themse[16].
An Flüssen findet man häufig lehmhaltigen Boden.“
„Dann war er bestimmt dort, um die Juwelen verschwinden zu lassen“, stimmte Ella zu und gab Watson ein Zeichen, der daraufhin aus seinem Versteck schlüpfte.

Bevor jemand sie aufhalten konnte, huschten die drei zum Ausgang. Draußen schlug ihnen kalte Nachtluft entgegen und aus der Ferne hörten sie das berühmte Glockenspiel von Big Ben[17].

16 Fluss in London
17 Glocke eines berühmten Glockenturms

London

ist die Hauptstadt von Großbritannien. Sie hat 8,5 Millionen Einwohner und liegt am Fluss Themse. In London gibt es viele berühmte Sehenswürdigkeiten.

Am 13. Juli 1837 wurde der **Buckingham Palace** zum Hauptwohnsitz der britischen Königsfamilie. Königin Victoria war die erste Königin, die hier lebte. Auch heute noch wohnt die Königin oder der König dort.

Tower of London
Der Tower of London ist eine ehemalige Festung aus dem 11. Jahrhundert. Seit über 700 Jahren werden dort die Kronjuwelen aufbewahrt. Heute befindet sich auch ein Museum darin.

Die **Themse** ist ein großer Fluss, der durch London fließt. Er verbindet die Stadt mit der Nordsee. Die Brücke links ist die **Tower Bridge**.

Big Ben
Big Ben ist eigentlich der Name der Glocke dieses Turmes. Doch viele verwenden den Namen auch für den gesamten Glockenturm.

Liebes Tagebuch,

wir waren so enttäuscht, als wir gesehen haben, dass der Tresor leer war. Wir liefen nach unten und sind ausgerechnet der Haushälterin in die Arme gelaufen. So ein Pech! Natürlich mussten wir dann erst einmal beim Bedienen helfen. Zuerst war Moriarty wie vom Erdboden verschluckt, doch dann tauchte er wieder auf. Da bemerkte Nick Lehmspuren an seinen Schuhen und hatte eine Idee. Lehm findet man häufig an Flussufern. Moriartys Haus befindet sich tatsächlich in der Nähe eines Flusses – der Themse. Also war Moriarty vermutlich dort und hat die Juwelen versteckt. Jetzt müssen wir nur noch herausfinden, wo genau. Zum Glück haben wir Watson...

Bis bald!

Deine Ella

Das ist ein Bild von London um 1894

Kronjuwelen

„Wie kommen wir jetzt zur Themse?“, hörte Watson Ella fragen. Auch Nick schien etwas ratlos zu sein. „Typisch Menschen! Riechen die das denn nicht?“ Schnüffelnd lief Watson durch die Gassen bis zum Fluss. Dort lag ein Fischerboot. „Hier müssen die Juwelen versteckt sein. Es riecht alles nach Moriarty.“ Schnell sprang er an Bord. Nick und Ella kletterten leise hinterher. Durch ein Fenster konnten sie zwei Männer erkennen. Einer von ihnen hielt etwas in der Hand. „Die *Sterne der Nacht*!“, flüsterte Ella. Watson bellte begeistert. Das war ein Fehler …

„Was war das?“, fragte der eine Mann.

„Ich schau nach!“, antwortete der andere. Schnell versteckten sich die drei Freunde unter einer Plane. Sie hielten die Luft an. Der Mann stampfte direkt auf sie zu. Plötzlich hörte man das laute Hupen eines Schiffes. Der Mann war abgelenkt und Ella und Nick konnten sich schnell ans Ufer retten. Nur Watson schaffte es nicht. Zitternd kauerte er unter der Plane. Die wurde nun mit einem Ruck weggerissen. „Ein Straßenköter!“, zischte der Mann. „Dich werfe ich über Bord!“ Doch zum Glück konnte Watson flüchten und lief jaulend zu Ella und Nick.

„Watson, du musst diese Nachricht sofort zu Sherlock Holmes bringen“, flüsterte Nick und gab ihm einen Zettel.

„Hier steht, wo sich die Juwelen befinden.“

„Das mache ich!“ Watson bellte und rannte wie der Blitz davon.

Kronjuwelen

„Wie kommen wir jetzt zur Themse?“, fragte Ella ratlos. Anscheinend wusste Nick es auch nicht. Doch Watson lief schon schnüffelnd los. Offensichtlich kannte er den Weg. Ella und Nick folgten ihm durch die Straßen Londons. Nach einer Weile erreichten sie den Fluss. Ganz in der Nähe sahen sie die Tower Bridge[9] und auf der anderen Seite lag der Tower von London. Hier wurden die Kronjuwelen von Königin Victoria verwahrt.

„Bald werden sich auch die *Sterne der Nacht* dort befinden“, sagte Nick mit fester Stimme.

„Ja, das hoffe ich auch“, flüsterte Ella zurück.

Da rannte Watson aufgeregt zum Ufer. Offensichtlich hatte er etwas entdeckt.

„Gut, dass wir Watson haben“, sagte Nick.

Ella lachte. „Und gut, dass er an Moriartys Schuhen geschnuppert hat, als er unter dem Tisch saß.“

Watson war schon an Bord eines Fischerboots gesprungen.

Ella und Nick kletterten leise hinterher.

An Deck blickten sie durch ein Fenster und sahen zwei Männer, die etwas in der Hand hielten.

„Siehst du, was ich sehe?“, fragte Nick gebannt.

9 berühmte Brücke

„Die *Sterne der Nacht*!“, flüsterte Ella. „Wahnsinn, wie sie im Kerzenlicht funkeln.“ Auch Watson bellte begeistert. Das war ein Fehler … Blitzschnell drehten sich die beiden Männer zum Fenster. „Was war das?“, fragte der eine erschrocken. „Ich schau nach!“, antwortete der andere. Mit einem Ruck öffnete er die Schiffskajüte[10]. Die drei Freunde versteckten sich schnell unter einer Plane an Deck und hielten die Luft an.

Mit schweren Schritten kam der Mann auf sie zu. Als er gerade die Plane anheben wollte, ertönte der laute Schall eines Nebelhorns[11]. Der Mann erschrak und blickte auf die Themse. Dort wären fast zwei Schiffe zusammengestoßen. Ella und Nick nutzten die Gelegenheit und flohen. Schnell rannten sie hinter ein Gebüsch am Ufer. „Wo ist Watson?“ Ella blickte sich erschrocken um. „Er ist noch an Bord, offensichtlich konnte er nicht fliehen“, antwortete Nick besorgt.

Ella lugte aus ihrem Versteck hervor. „Oh nein, sie haben ihn entdeckt!“

---

10 Wohn- oder Schlafraum in einem Schiff
11 Hupe eines Schiffes

Sie hörten, wie einer der Männer zischte: „Dich werfe ich über Bord!“ Doch zum Glück konnte sich Watson gerade noch rechtzeitig befreien und rannte zu ihnen.

„Puh, das ist ja gerade noch einmal gut gegangen!“, seufzte Ella und kraulte Watson hinter den Ohren. „Trotzdem, wir haben keine Zeit zu verlieren. Ich habe eine Nachricht an Sherlock Holmes geschrieben. Dort steht, wo sich die Juwelen befinden“, flüsterte Nick. Dabei schaute er dem Labrador fest in die Augen. „Watson, du musst diesen Zettel jetzt zu ihm bringen.“

Und Watson wäre nicht Watson, wenn er nicht sofort losgerannt wäre, um die Nachricht zu übergeben.

Kronjuwelen

„Wie kommen wir jetzt zur Themse?“, fragte Ella und blickte ratlos zu Nick. Dieser versuchte sich gerade zu orientieren, als Watson schon loslief. Er schien bereits Witterung[18] aufgenommen zu haben.

Nick und Ella folgten ihm durch das nächtliche London. Die Straßenlaternen beleuchteten schwach die dunklen Gassen. Zum Glück schien der Mond in dieser Nacht hell am Himmel. Ab und zu hörte man das Geklapper von Pferdehufen. Aus manchen Pubs[19] drangen vereinzelte Laute.

Schließlich erreichten sie den Fluss und blickten auf die Silhouette der Stadt. Ganz in ihrer Nähe spannte sich die Tower Bridge[20] über die Themse. Auf der anderen Seite des Flusses konnten sie den Tower of London erkennen, den Ort, an dem die Kronjuwelen von Königin Victoria verwahrt wurden.

„Bald werden sich auch die *Sterne der Nacht* dort befinden“, sagte Nick mit fester Stimme.

„Ja, das hoffe ich auch“, flüsterte Ella.

Da sahen sie, wie Watson aufgeregt zum Ufer rannte. Offensichtlich hatte er etwas entdeckt.

„Gut, dass wir Watson haben“, sagte Nick.

Ella lachte. „Und gut, dass er ausgiebig an Moriartys Schuhen schnüffeln konnte, als er unter dem Büfett saß.“

Sie näherten sich einem unauffälligen Fischerboot, das dort scheinbar verlassen vor Anker lag. Watson hüpfte zuerst an Bord. Dann schlichen sich Nick und Ella an Deck und lugten durch ein Fenster. Dort erblickten sie zwei Männer, die bei schwachem Kerzenschein etwas betrachteten.

18 Geruchssinn von Tieren
19 (englisch) Wirtshäuser, Bars (Aussprache: Pabs)
20 berühmte Brücke

„Siehst du, was ich sehe?“, fragte Nick fasziniert. „Die *Sterne der Nacht*! Wahnsinn, wie sie im Kerzenlicht funkeln“, flüsterte Ella. Auch Watson schien begeistert zu sein und bellte. Und das war ein Fehler …

Die Köpfe der beiden Männer flogen zum Fenster. „Was war das?“, fragte der eine erschrocken. „Ich schau nach!“, beschwichtigte der andere und öffnete mit einem Ruck die Tür der Schiffskajüte[21]. Schnell versteckten sich die drei Freunde unter einer Plane an Deck und hielten die Luft an. Mit schweren Schritten stampfte der Mann direkt auf sie zu. „Hier, unter der Plane bewegt sich was“, murmelte er. Als er gerade die Plane anheben wollte, durchschnitt das laute Tönen eines Nebelhorns[22] die Nacht.

Der Mann erstarrte kurz und blickte auf die Themse. Da sah er, wie zwei Schiffe haarscharf aneinander vorbeirangierten[23], fast wäre es zu einem Zusammenstoß gekommen. Diese Schrecksekunde nutzten Ella und Nick zur Flucht. Nur Watson schaffte es nicht. Er blieb allein zurück.

Ella und Nick beobachteten aus ihrem sicheren Versteck heraus, wie der Mann die Schiffsplane anhob, unter der sich der Labrador versteckte. Sie hielten den Atem an.

21 Wohn- oder Schlafraum in einem Schiff
22 Hupe eines Schiffes
23 sich aneinander vorbeischieben

Da hörten sie, wie der andere zischte: „Dich werfe ich über Bord!“ Doch in diesem Augenblick gelang es Watson, sich zu befreien, und er rannte jaulend zu ihnen.
„Puh, das ist ja gerade noch einmal gut gegangen!“, seufzte Ella erleichtert und kraulte Watson hinter den Ohren.
„Trotzdem, wir haben keine Zeit zu verlieren. Ich habe eine Nachricht an Sherlock Holmes geschrieben und ihm erklärt, wo sich die Juwelen befinden“, flüsterte Nick und schaute dem Labrador fest in die Augen. „Watson, du musst diesen Zettel jetzt gleich zu ihm bringen.“

Und Watson wäre nicht Watson, wenn er nicht sofort losgerannt wäre, um die Nachricht zu übergeben.

Die Imperial State Crown

Diese Krone wurde 1838 zur Krönung von Königin Victoria hergestellt. Sie ist besetzt mit Tausenden von Diamanten. Noch heute wird sie bei feierlichen Anlässen verwendet.

Der Queen Victoria Ring

Der Ring wurde ebenfalls für ihre Krönung angefertigt. Er ist mit 20 Diamanten, fünf Rubinen und einem Saphir besetzt.

Wir haben es tatsächlich geschafft!
Mit Watsons Hilfe haben wir das Fischerboot gefunden, in dem sich die Juwelen befinden. Moriarty hat sie dort zwei Männern übergeben. Sie sollten sie wohl in seinem Namen verkaufen. Das müssen wir verhindern, wenn bald die Polizei eintrifft… Dann können die Juwelen in den Tower of London gebracht werden. Dort werden die Kronjuwelen aufbewahrt. Sie sind eine Sammlung von wertvollen Diamanten und Juwelen. Zu den Kronjuwelen gehören unter anderem Kronen, Zepter, Schwerter, Ringe und Edelsteine.

Nick

Scotland Yard

Watson sauste durch die dunklen Straßen Londons. Endlich kam er bei Sherlock Holmes an und übergab ihm die Nachricht.

„Sehr gut! Ihr habt es tatsächlich geschafft, die Juwelen zu finden“, lobte der Detektiv.

„Ich sage sofort Scotland Yard[7] Bescheid.“

Dann führte Watson Sherlock Holmes zu dem Fischerboot am Fluss. Watson sah, dass die Polizisten bereits da waren.

Sie führten die Männer in Handschellen ab.

Die Juwelen wurden beschlagnahmt.

Und da waren auch Nick und Ella. Watson stürmte auf sie zu.

„Das hast du toll gemacht, Watson! Du bist der Beste!“, rief Ella.

„Endlich mal jemand, der das merkt.“ Glücklich und zufrieden ließ Watson sich kraulen.

---

7 Polizei von London

Dann kam auch Sherlock Holmes mit einem Polizisten auf sie zu. Dieser bedankte sich: „Mit eurer Hilfe werden wir auch Moriarty überführen.“

Nun wandte sich Sherlock Holmes an Nick, Ella und Watson. „Ich möchte, dass ihr weitere Fälle für mich löst.“ Er überreichte ihnen eine magische Taschenuhr. „Damit könnt ihr durch Raum und Zeit reisen, wenn ich eure Hilfe brauche.“ Watson, Nick und Ella waren begeistert. „Wo werden Sie uns denn als Nächstes hinschicken?“, fragte Ella neugierig. Holmes flüsterte: „Das kann ich noch nicht verraten. Nur so viel: Ihr dürft gespannt sein …“

Scotland Yard

„Hoffentlich kommt die Polizei bald“, sagte Ella bibbernd. „Mir ist kalt.“

„Oh nein!“, rief Nick erschrocken. „Sie legen ab!“

„… Und nehmen die *Sterne der Nacht* mit.“ Ella blickte sich ungeduldig um. „Wo bleibt denn Scotland Yard[12]?“

„Da kommen sie endlich!“, rief Nick erleichtert.

Gespannt beobachteten die beiden, wie die Polizisten die Männer in Handschellen abführten.

Da hörten Ella und Nick ein lautes Bellen.

Watson stürmte mit fliegenden Ohren auf sie zu.

Ella nahm den Labrador in die Arme.

„Das hast du toll gemacht, Watson! Du bist der Beste!“

Nick räusperte sich.

Ella verdrehte die Augen: „Du hast das natürlich auch toll gemacht, Nick!“

„Nun, ich würde sagen, ihr habt den Fall alle drei großartig gelöst!“, lobte Holmes, der Watson gefolgt war. Mit ihm kam Inspektor Lestrade von Scotland Yard auf sie zu. Dieser bedankte sich ebenfalls bei den dreien und erklärte: „Mit eurer Hilfe werden wir Professor Moriarty endlich hinter Schloss und Riegel bringen.“

12 Polizei von London

„Und …“ – Ella zögerte – „dürfen wir uns die Juwelen einmal aus der Nähe anschauen?“

„Einverstanden.“ Inspektor Lestrade nickte. Er nahm die *Sterne der Nacht* aus einem Samtbeutel. „Hier sind sie.“

„Wow“, stieß Ella hervor und bewunderte die funkelnden Steine von allen Seiten.

Nachdem sich der Inspektor mit den Juwelen verabschiedet hatte, ergriff Holmes das Wort.

„Ihr habt mich von euren Fähigkeiten überzeugt. Ich würde euch gern auf weitere Missionen schicken.“

Ella starrte erst Nick an und dann Holmes.

„Daher gebe ich euch diese Taschenuhr. Sie sieht gewöhnlich aus, doch ich habe sie ein wenig weiterentwickelt.“ Er räusperte sich. „Mit ihrer Hilfe kann man nun durch Raum und Zeit reisen. Ich selbst bin damit schon viel gereist, doch auf Dauer ist das sehr anstrengend für mich.“

Er überreichte dem sprachlosen Nick die magische Uhr.

„Nun freue ich mich auf eure Unterstützung.“

Bevor sich Ella und Nick dazu äußern konnten, bellte Watson begeistert.

„Das nehme ich als Zustimmung!“, schmunzelte Holmes.

„Selbstverständlich!“, sagte Nick schnell.

„Wo werden Sie uns denn als Nächstes hinschicken?“ Ella blickte Holmes erwartungsvoll an.

Dieser flüsterte geheimnisvoll … „Nun, das kann ich noch nicht verraten. Nur so viel: Ihr dürft gespannt sein …“

Scotland Yard

Vorsichtig spähte Nick aus dem Gebüsch hervor, hinter dem er und Ella warteten. Nun konnte er den gesamten Uferbereich überblicken. „Nichts! Keine Spur von Scotland Yard[24]."

In diesem Moment sah er, wie einer der Männer den Anker lichtete. „Oh nein!", rief Nick erschrocken. „Sie legen ab!"

„… Und nehmen die *Sterne der Nacht* mit." Ella blickte sich ungeduldig um. „Wo bleibt denn nur die Polizei?"

„Da kommen sie endlich!", rief Nick und atmete erleichtert auf. Gespannt beobachteten die beiden, wie die Polizisten aufs Boot sprangen.

„Sie haben sie!", jubelte Ella, als sie sah, wie die Männer in Handschellen abgeführt wurden.

„Ja, und die Juwelen sind jetzt auch in Sicherheit", freute sich Nick und schlüpfte aus dem Gebüsch.

Da hörten sie ein lautes Bellen und sahen, wie Watson mit fliegenden Ohren auf sie zustürmte. Ella ging in die Hocke und schloss den Labrador in die Arme.

„Das hast du toll gemacht, Watson! Du bist der Beste!"

Nick räusperte sich. Ella verdrehte die Augen: „Du hast das natürlich auch toll gemacht, Nick!"

„Nun, ich würde sagen, ihr habt den Fall alle drei gemeinsam exzellent gelöst!", lobte sie Holmes, der Watson in Begleitung eines Inspektors gefolgt war.

„Das finde ich allerdings auch!", sagte der Mann von Scotland Yard. „Mein Name ist Inspektor Lestrade. Vielen Dank für eure Hilfe. Das habt ihr großartig gemacht!"

„Danke!", sagte Nick bescheiden. „Was ist nun mit Professor

24 Polizei von London

Moriarty? Werden Sie ihn auch festnehmen?"
Lestrade nickte: „Ja, ich denke, dass diese beiden Männer geständig[25] sein werden. Dann können wir den feinen Professor endlich hinter Schloss und Riegel bringen."
„Und …", Ella zögerte, „dürfen wir uns die Juwelen einmal aus der Nähe anschauen?"
„Einverstanden." Inspektor Lestrade nickte und ließ die *Sterne der Nacht* aus einem Samtbeutel gleiten.
„Hier sind sie." Während Ella die funkelnden Steine ausgiebig bewunderte, beobachtete Nick, wie Holmes eine Taschenuhr aus seinem Mantel zog.
Nachdem sich der Inspektor mit den Juwelen verabschiedet hatte, ergriff der Meisterdetektiv das Wort.

„Ihr habt mich von euren Fähigkeiten überzeugt, daher würde ich euch sehr gern auf weitere Missionen schicken."
Nick und Ella starrten ihn gebannt an.
„Zu diesem Zweck werde ich euch diese Taschenuhr übergeben. Sie sieht gewöhnlich aus, doch ich habe sie ein wenig weiterentwickelt." Er räusperte sich.
„Ich habe einige Experimente durchgeführt und, nun ja, so ist es mir gelungen, mit ihrer Hilfe durch Raum und Zeit zu reisen. Doch auf Dauer ist dies für mich sehr anstrengend."
Er überreichte dem sprachlosen Nick die magische Uhr.

---

25 eine Tat gestehend

„Nun freue ich mich auf eure Unterstützung.“

Bevor sich Nick und Ella dazu äußern konnten, bellte Watson begeistert.

„Das nehme ich als Zustimmung!“, schmunzelte Holmes.

„Selbstverständlich!“, beeilte sich Nick zu sagen.

„Wo werden Sie uns denn als Nächstes hinschicken?“

Ella blickte Holmes erwartungsvoll an.

Dieser flüsterte geheimnisvoll … „Nun, das kann ich noch nicht verraten. Nur so viel: Ihr dürft gespannt sein …“

Scotland Yard

New Scotland Yard nennt man das Gebäude, in dem sich die Polizeistation befindet. Die Londoner Kriminalpolizei heißt eigentlich Metropolitan Police Service (MPS). Dennoch sprechen viele einfach von Scotland Yard, wenn sie die Polizei meinen.

Das Scotland-Yard-Gebäude von damals

Liebes Tagebuch,

juhuu! Wir haben es geschafft!!!
Die beiden Männer wollten gerade mit ihrem Boot ablegen, als Scotland Yard eintraf. Zum Glück konnten sie noch rechtzeitig festgenommen werden. Die „Sterne der Nacht" werden nun zu den anderen Kronjuwelen in den Tower gebracht. Und Moriarty wird ins Gefängnis gehen müssen. Sherlock Holmes war sehr stolz auf uns.
Das Tollste an allem ist:
Er möchte, dass wir weitere Fälle für ihn lösen. Dazu hat er uns eine magische Uhr geschenkt, mit der wir durch Raum und Zeit reisen können. Cool, oder? Ich bin schon ganz gespannt, was wir noch alles erleben werden… Du auch?

Bis bald!

Deine Ella

Die Reise beginnt (ab Seite 4)

1 Welcher Satz passt zu diesem Bild?

A ☐ Auf leisen Pfaden tapste Watson die Treppe hinauf.

B ☐ Auf leisen Pfoten tapste Watson die Treppe hinunter.

C ☐ Auf leichten Pfoten tapste Watson die Truppe hinunter.

2 Weshalb hat Watson Nick und Ella geweckt?

Watson hat geheimnisvolle

_ _ _ _ _ gehört.

3 Hier sind sieben Buchstaben zu viel.
Wie heißt der Satz richtig?

Niick, Ellla und Watsoun sinmd
in diue Vergangenheitt gereisxt.

Ein Geschenk für Königin Victoria (ab Seite 12)

4 Nick, Ella und Watson werden von einem berühmten Detektiv eingeladen. Wie heißt er?

A ☐ Sherlock Holmes

B ☐ Sherlock Homes

C ☐ Sherlook Homes

D ☐ Sherlok Holmes

5 Welche Aussagen stimmen?

A ☐ Sie befinden sich nun vor der Baker Street 221 b in London.

B ☐ Ella ist mit Sherlock Holmes verwandt.

C ☐ Juwelen – die *Sterne der Nacht* – wurden gestohlen.

D ☐ Der Dieb heißt James Moriarty.

E ☐ Nick, Ella und Watson sollen Holmes helfen, die Juwelen zu finden.

6 Welche Wortteile gehören zusammen?

Ju	tiv
Detek	schenk
Ge	sor
Servie	welen
Tre	ren

Professor Moriarty (ab Seite 22)

7 Bleibt Watson den ganzen Abend im Keller?

A ☐ Ja, er kann sich nicht befreien.

B ☐ Er kann die Tür mit seiner Pfote öffnen. Doch nach einer Weile wird er von Ella wieder in den Keller gebracht.

C ☐ Er kann sich befreien und versteckt sich unter einer langen Tischdecke.

8 Was hat Watson unter dem Teppich entdeckt?

9 Ergänze den Satz.

Nick, Ella und Watson sind enttäuscht.

Der Tresor ist ____ .

Eine heiße Spur (ab Seite 32)

10 Welche Satzteile passen zusammen?

Watson hat sich

lag in der Nähe eines Flusses.

An Moriartys Schuhen

unter einer Tischdecke versteckt.

Das Haus

befand sich Lehm.

11 Fünf Wörter haben sich hier versteckt.
Findest du sie alle?

W	D	C	V	A	Y	X
R	S	Ö	E	Ä	Q	W
K	N	U	R	R	E	N
R	D	F	S	Ü	X	Z
I	A	F	T	L	Ö	Ä
E	Q	L	E	H	M	X
C	A	U	C	R	C	R
H	S	S	K	P	Ä	Z
E	Y	S	Z	Q	Ü	C
N	X	C	Ü	P	Ä	Q

Kronjuwelen (ab Seite 40)

12 Bringe die Sätze in die richtige Reihenfolge.

A ☐ Die Männer hielten die Juwelen in der Hand.

B ☐ Watson brachte eine Nachricht zu Sherlock Holmes.

C ☐ Dort lag ein kleines Fischerboot.

D ☐ Ella und Nick konnten fliehen.

E ☐ Watson führte Nick und Ella zum Fluss.

13 Welche Buchstaben sind überflüssig?
Der Reihe nach gelesen ergeben sie das Lösungswort.

Zfuim Glüsck konnchte siech Wartsonb beoofreient.

☐ ☐ ☐ ☐ ☐ ☐ ☐ ☐ ☐ ☐ ☐

14 An welchem Fluss lag das Fischerboot?

A ☐ am Rhein

B ☐ am Nil

C ☐ an der Themse

D ☐ an der Seine

E ☐ am Tiber

Scotland Yard (ab Seite 50)

15 Von wem werden die Männer auf dem Fischerboot festgenommen? Wenn du die fehlenden Buchstaben in den Lücken ergänzt, erhältst du das Lösungswort.

S _ _ t _ _ n _   Y _ _ d

16 Welche Überschriften passen noch zu diesem Kapitel?

A ☐ Die Festnahme

B ☐ Der Fall ist gelöst

C ☐ Treffen mit Moriarty

D ☐ Die magische Taschenuhr

E ☐ Armer Watson

17 Was gibt Sherlock Holmes den drei Freunden, damit sie durch Raum und Zeit reisen können?

Lösungen:

1. Lösung: B
2. MUSIK
3. Nick, Ella und Watson sind in die Vergangenheit gereist.
4. Lösung: A
5. Lösung: A, C, D, E
6. Juwelen, Detektiv, Geschenk, Servieren, Tresor
7. Lösung: C
8. den Hebel zum Geheimraum
9. LEER
10. Watson hat sich unter einer Tischdecke versteckt. An Moriartys Schuhen befand sich Lehm. Das Haus lag in der Nähe eines Flusses.
11. knurren, Lehm, kriechen, Fluss, Versteck
12. Reihenfolge: E, C, A, D, B
13. FISCHERBOOT
14. Lösung: C
15. Scotland Yard
16. Lösung: A, B, D
17. Taschenuhr